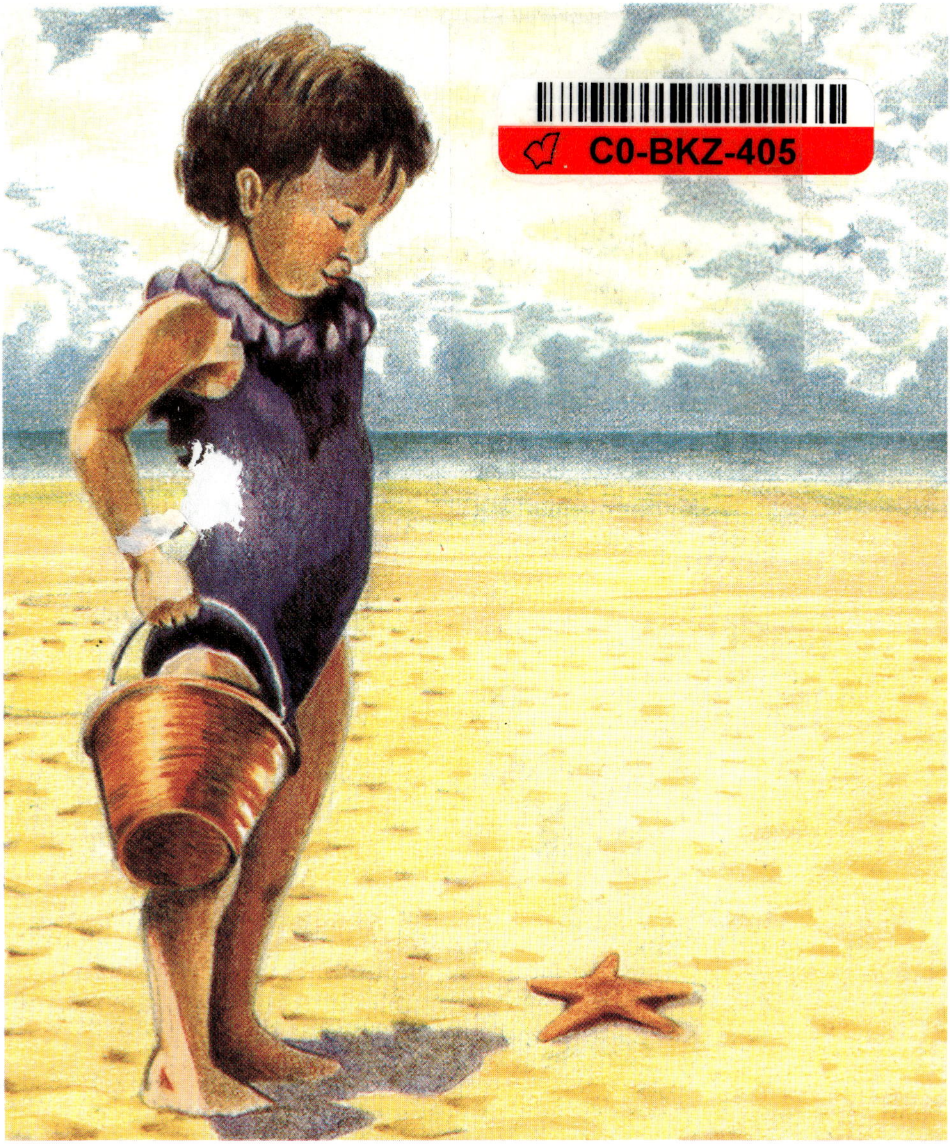

En la playa

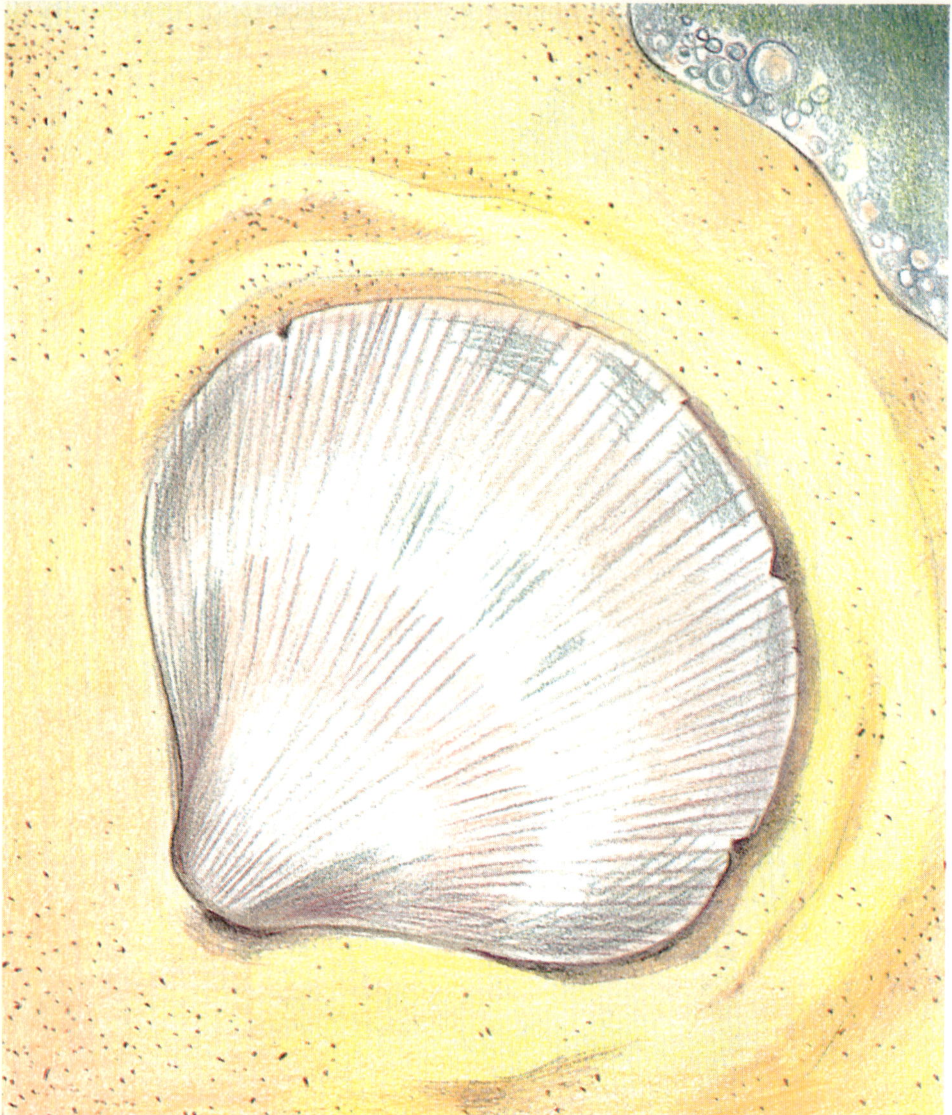

Vi una almeja.

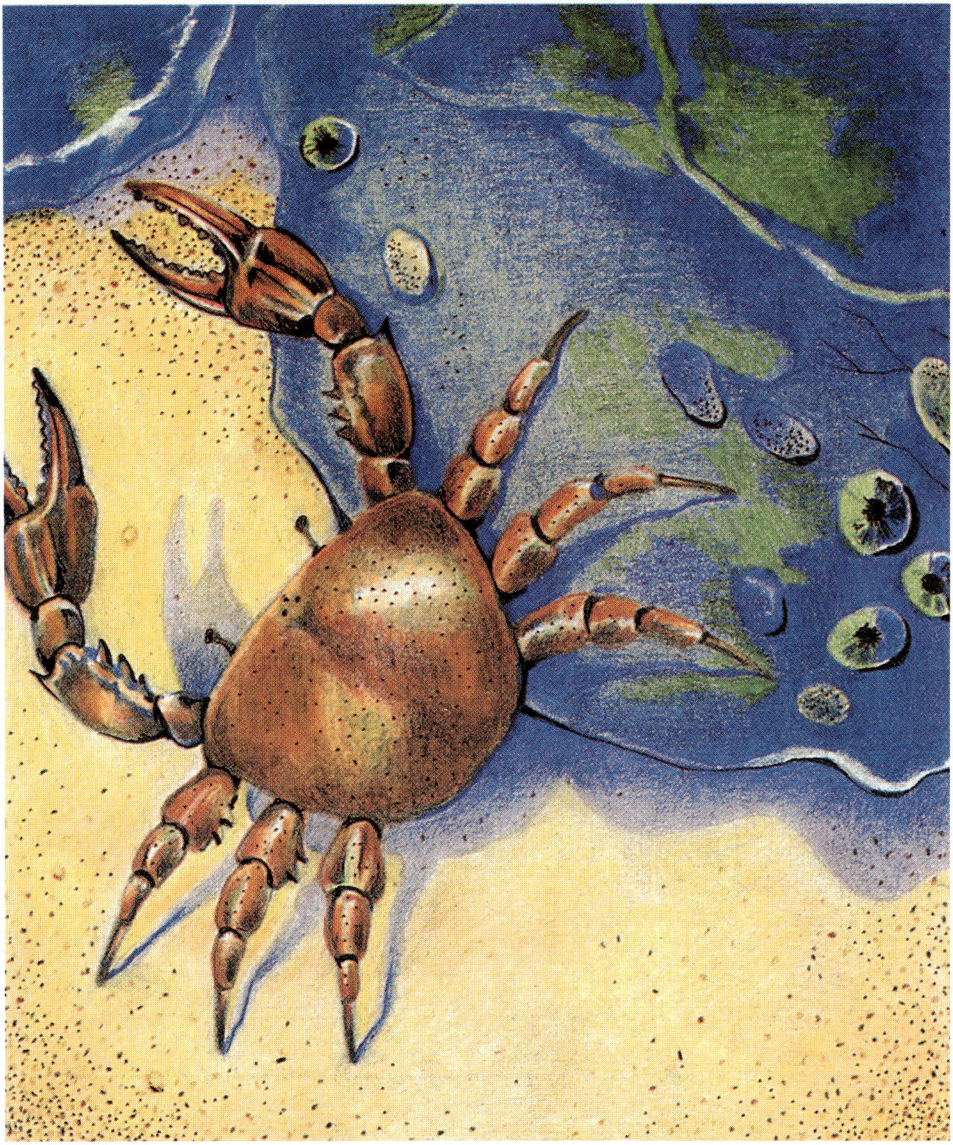

Vi un cangrejo.

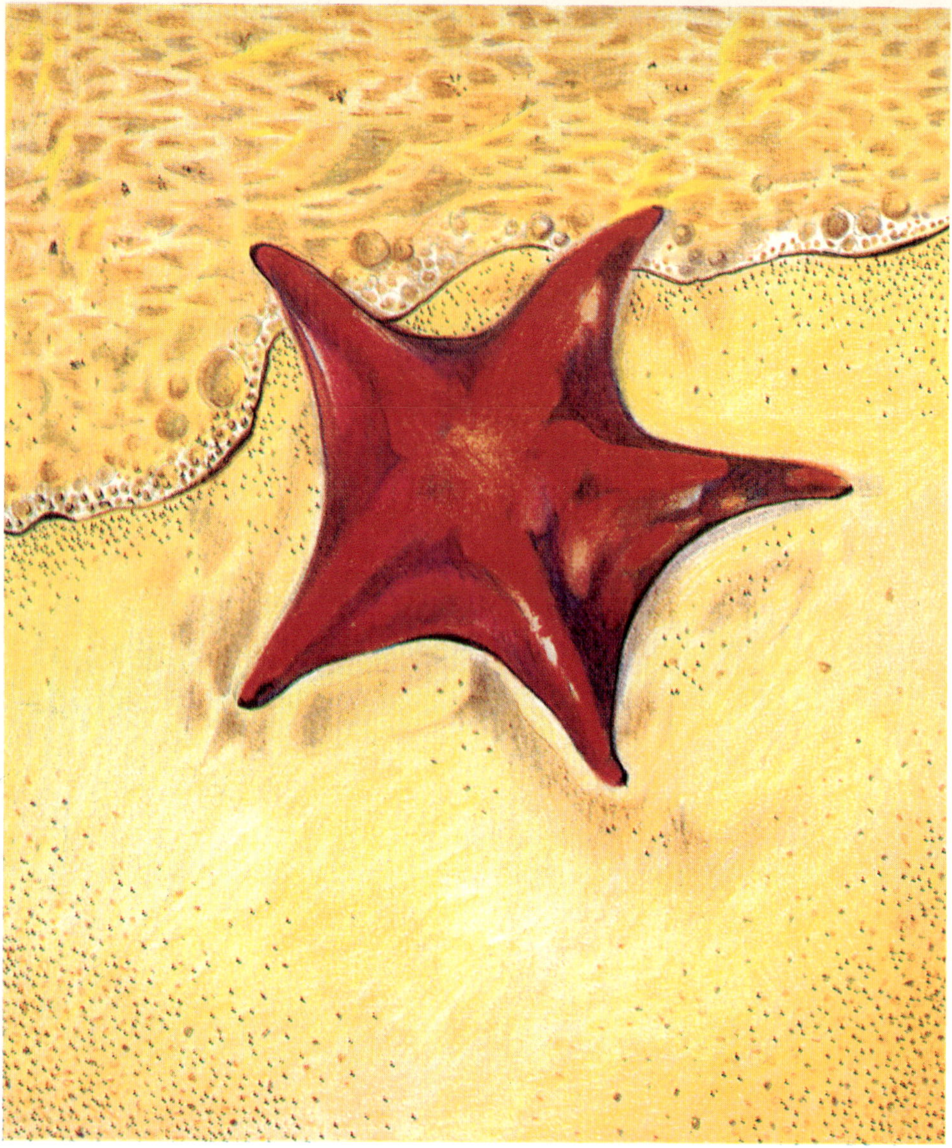

Vi una estrella.

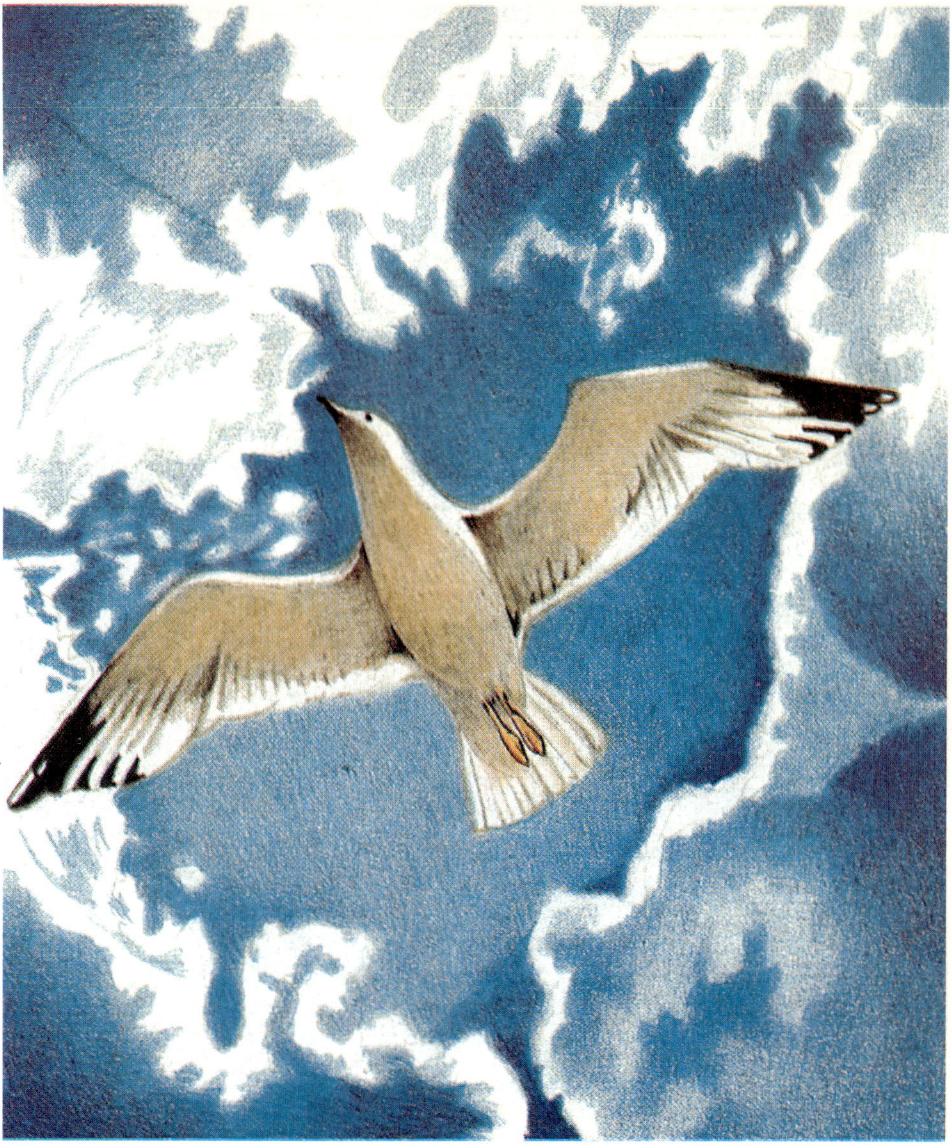

Vi una gaviota.

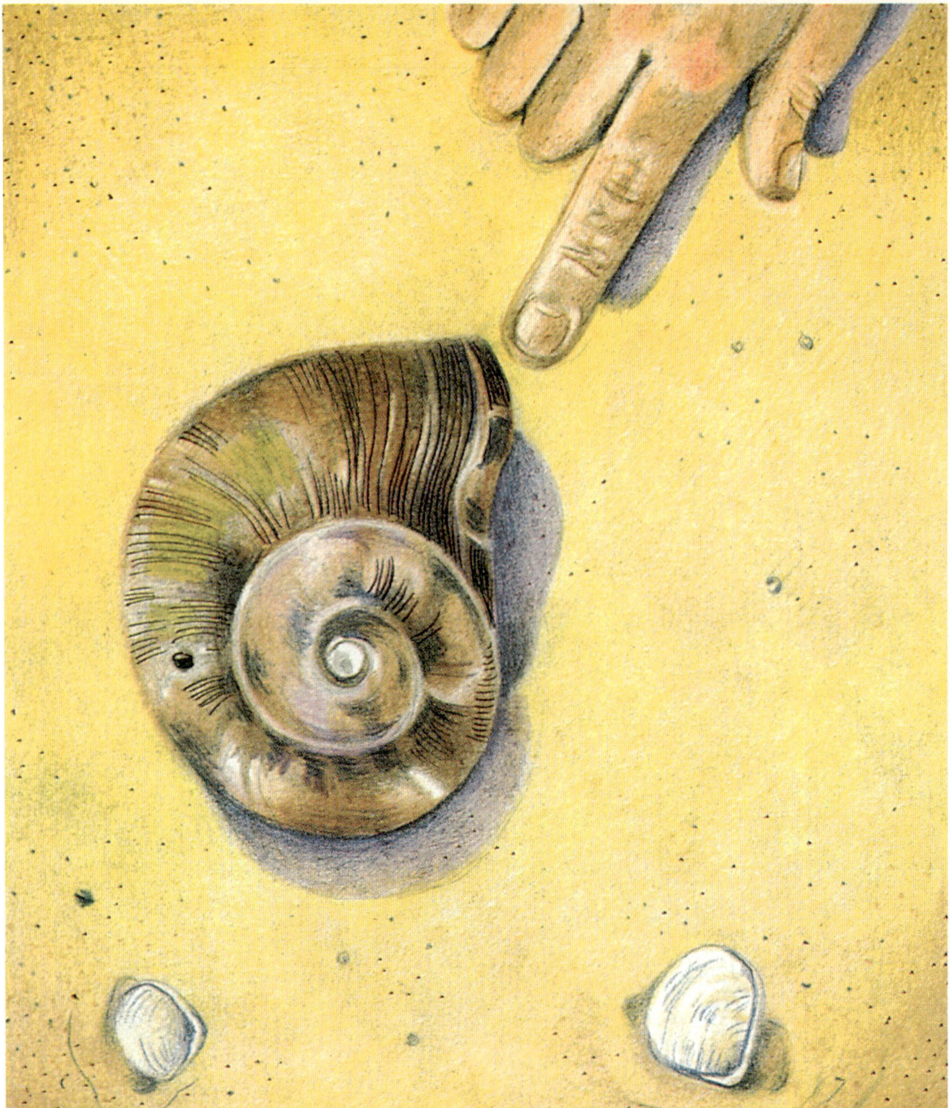

Vi un caracol.

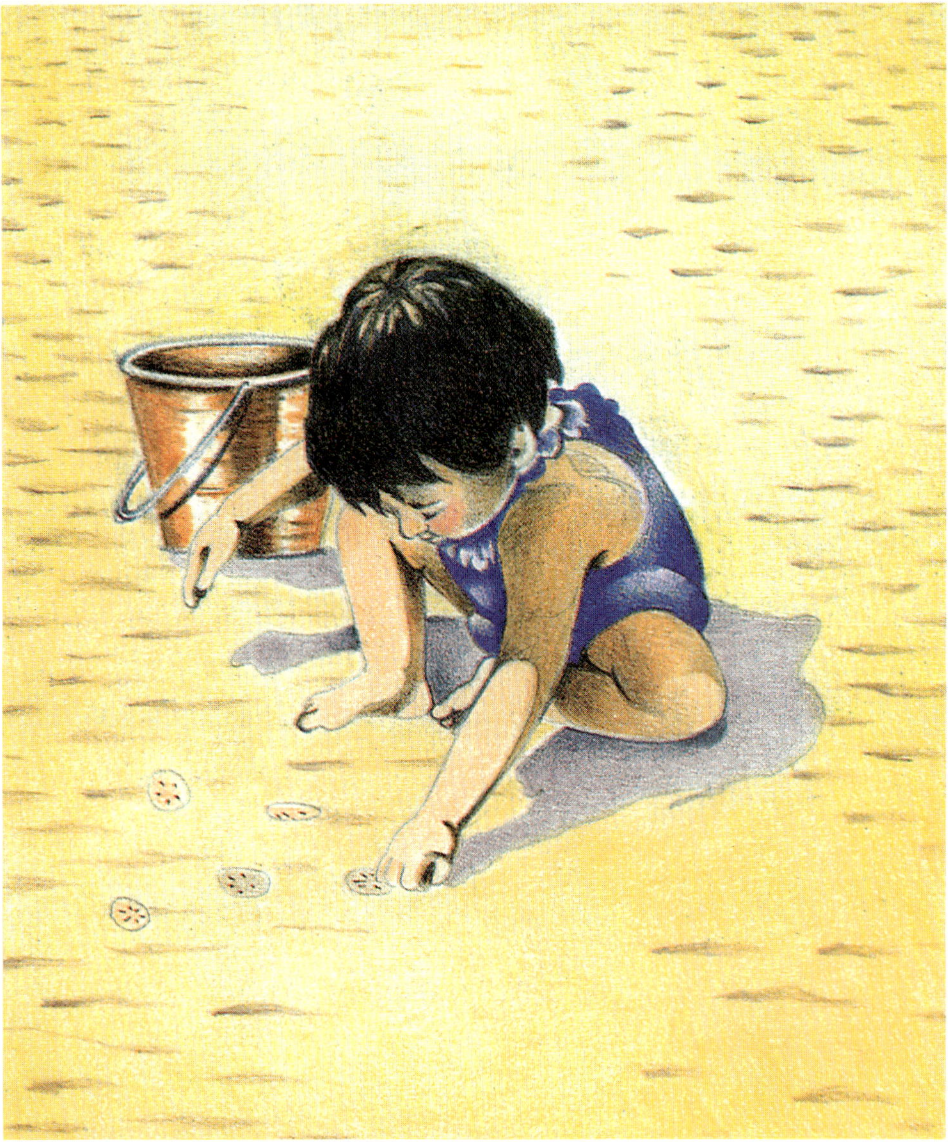

Pero no vi...

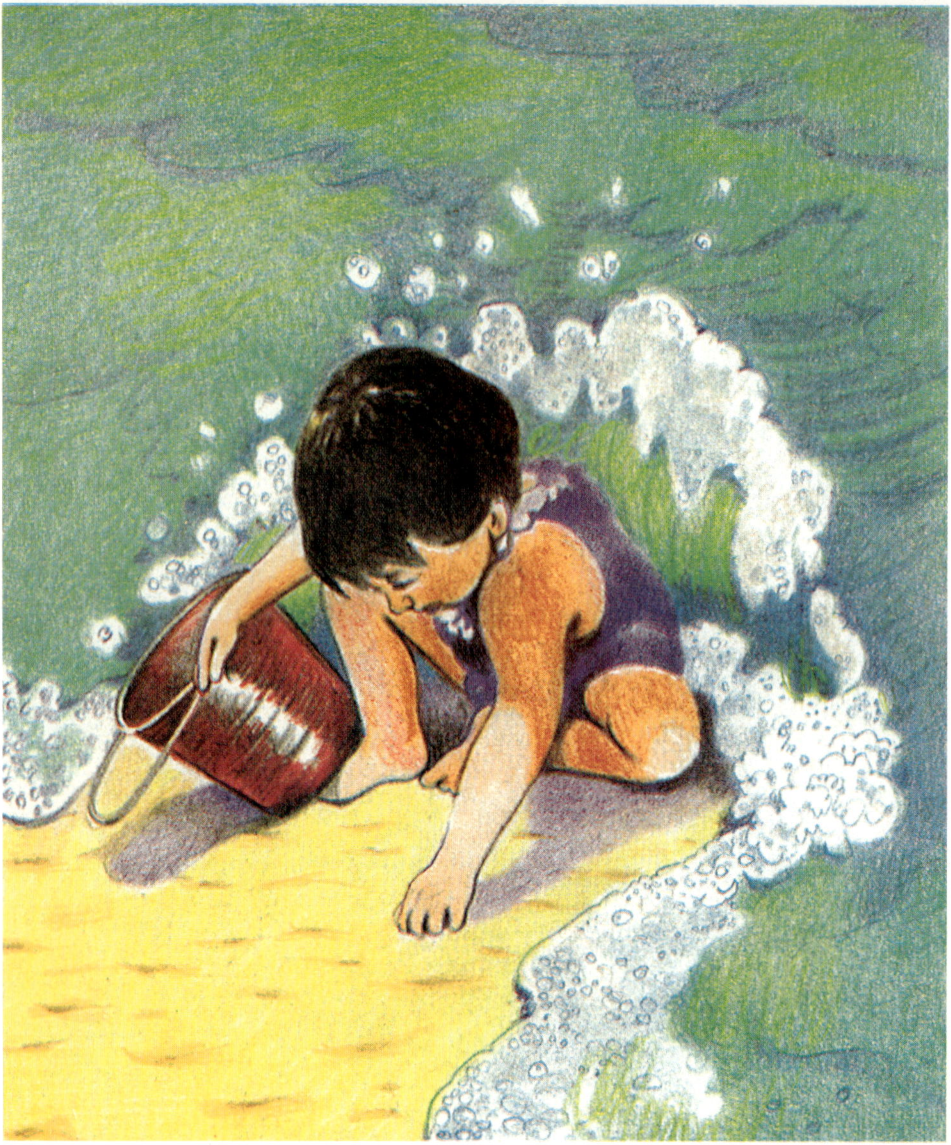

¡la ola!